BEI GRIN MACHT SICH IHR WISSEN BEZAHLT

- Wir veröffentlichen Ihre Hausarbeit, Bachelor- und Masterarbeit
- Ihr eigenes eBook und Buch - weltweit in allen wichtigen Shops
- Verdienen Sie an jedem Verkauf

Jetzt bei www.GRIN.com hochladen und kostenlos publizieren

Michaela Sankowsky

Die große Weltwirtschaftskrise der 1930er Jahre

GRIN Verlag

Bibliografische Information der Deutschen Nationalbibliothek:

Die Deutsche Bibliothek verzeichnet diese Publikation in der Deutschen Nationalbibliografie; detaillierte bibliografische Daten sind im Internet über http://dnb.d-nb.de/ abrufbar.

Dieses Werk sowie alle darin enthaltenen einzelnen Beiträge und Abbildungen sind urheberrechtlich geschützt. Jede Verwertung, die nicht ausdrücklich vom Urheberrechtsschutz zugelassen ist, bedarf der vorherigen Zustimmung des Verlages. Das gilt insbesondere für Vervielfältigungen, Bearbeitungen, Übersetzungen, Mikroverfilmungen, Auswertungen durch Datenbanken und für die Einspeicherung und Verarbeitung in elektronische Systeme. Alle Rechte, auch die des auszugsweisen Nachdrucks, der fotomechanischen Wiedergabe (einschließlich Mikrokopie) sowie der Auswertung durch Datenbanken oder ähnliche Einrichtungen, vorbehalten.

Impressum:

Copyright © 2011 GRIN Verlag GmbH
Druck und Bindung: Books on Demand GmbH, Norderstedt Germany
ISBN: 978-3-656-72719-4

Dieses Buch bei GRIN:

http://www.grin.com/de/e-book/279186/die-grosse-weltwirtschaftskrise-der-1930er-jahre

GRIN - Your knowledge has value

Der GRIN Verlag publiziert seit 1998 wissenschaftliche Arbeiten von Studenten, Hochschullehrern und anderen Akademikern als eBook und gedrucktes Buch. Die Verlagswebsite www.grin.com ist die ideale Plattform zur Veröffentlichung von Hausarbeiten, Abschlussarbeiten, wissenschaftlichen Aufsätzen, Dissertationen und Fachbüchern.

Besuchen Sie uns im Internet:

http://www.grin.com/

http://www.facebook.com/grincom

http://www.twitter.com/grin_com

Weltwirtschaftskrise

- **Einführung: Probleme und Untersuchungsprogramm**
- Allgemeine Bedeutung der WWK: Sehr schwere Erschütterung zwischen 1929-1933
- Ziel der Befassung mit Krise: Theoretisches Wissen zur Vermeidung von zukünftigen Krisen erlangen
- Zwei Paradigmenwechsel in Wirtschaftspolitik und Wirtschaftswissenschaft durch WWK:
1. *Änderung der Wirtschaftspolitik mit der Geburt des Keynesianismus*
- Klassische Auffassung: Angebot schafft Nachfrage
- Massenarbeitslosigkeit galt als unmöglich, antizyklische staatliche Ausgabenpolitik
- Mit und nach der Weltwirtschaftskrise wurde diese Auffassung zunehmend durch Meinung abgelöst, dass Massenarbeitslosigkeit in westlichen Marktwirtschaften sehr wohl möglich sei und nur durch Stärkung der Arbeitnehmereinkommen, antizyklische staatliche Nachfragesteuerung und Erhöhung der Staatsausgaben zu beseitigen ist
- Blieb wichtig weil nach ihr konzipierte staatliche Nachfragesteuerung in 1970er Jahren erfolglos blieb → antizyklische staatliche Ausgabenpolitik beseitigte damals Arbeitslosigkeit nicht
- Scheitern der Theorie in 1970er Jahren weckte Zweifel an für 1930er Jahre
2. *Änderung der WiWi: Geburt des Ordoliberalismus*
- Freier Wettbewerb, liberale Wirtschaftsordnung, freie Marktwirtschaft bleibt nur erhalten, wenn Staat sie sichert
- Vertreter sahen Staatsversagen als Grund für WWK, da zu viel reglementiert: Weimarer Demokratie habe Krise wesentlich mitverursacht, weil sie Wirtschaftsleben zu stark beeinflusste (Marktpreisbildung für Güter und Arbeitsleistungen durch Zulassung von Kartellen, zu starker Ausbau Sozialsystem, staatliches Eingreifen durch Schutzzölle)
- Voraussetzung für Vermeidung und Oberwindung der Krise: Freie Wirtschaft, die von starkem nicht beeinflussten Staat geschützt wurde
- Sahen NS-Staat als Garant für liberalen Wettbewerb (siehe Punkt 5.)
- Hat Wirtschaftsordnung der späteren Bundesrepublik Deutschland geprägt
- Ziel der Befassung mit WWK: Allgemeines Handlungswissen vermehren:

2. Verlauf der Krise: Beschäftigung und Produktion in ver. Staaten
<u>Indikatoren des Krisenverlaufs</u>
- Beschäftigungs- / Arbeitslosengrad (HAUPTINIDKATOR) (Verhältnis aller Arbeitslosen zu allen verfügbaren Erwerbspersonen)
- Gesamtwirtschaftliche Produktion /Sozialprodukt
- Gesamte Industrieproduktion

<u>Erklärungsfaktoren</u>
- Privater und öffentlicher Verbrauch
- Privaten und öffentlichen Investitionen
- Ex- und Importe
- Produktion von Gütern
- Preise
- Löhne / Gewinne
- Geldmenge u. Zinssätze

Internationales Gesamtbild des Krisenverlaufs
- Krise brach in einzelnen Staaten (Deutschland, England, USA, Frankreich, Schweden, Japan) zwischen 1929 u. 1931 aus
- War unterschiedlich schwer und lang
- In Deutschland und USA am frühesten und schwerster Verlauf
- In England und Frankreich verhältnismäßig milder Verlauf, aber hohe Arbeitslosenquote
- In Schweden milde Krise, rasche Erholung
- In Japan ebenfalls milde, danach Vollbeschäftigung (wie auch in D)

Deutsches Reich
- 20er Jahre: Wirtschaftlich labil, Arbeitslosenquote über 6%
- 1930 erstes Jahr der Krise
- 1932 Tiefpunkt: 30% Arbeitslosigkeit, nur noch 60% industrielle Produktion
- 1935/36 wieder Vorkrisenzustand
- 1938/'39 Vollbeschäftigung
- In letzter Phase vor Ausbruch des 2. Weltkrieges war Nachfrage nach Arbeitskräften so groß, dass Reallohne wieder anstiegen → offenbar war Zahl der offenen Stellen größer als Zahl der Arbeitslosen.

USA
- Gleiche Wucht wie in Deutschland, dauerte bis 2.WK
- In 20er Jahren wurde ebenfalls wieder Vollbeschäftigung erreicht
- 1933 Tiefpunkt: Ein Viertel der Arbeitskräfte arbeitslos, reales Bruttosozialprodukt war gegenüber 1929 um 30% gesunken
- Arbeitslosenquote blieb auch in besten der 1930er Jahre mit 19% weit über den der 1920er Jahre → damalige Vollbeschäftigung wurde nicht mehr erreicht
- Langsame Erholung bis 1937: Noch hohe Arbeitslosigkeit 19%, aber mehr Arbeitskräfte im Land +6Mio.
- 1938 weiterer Einbruch überlagert durch 2.WK

UK
- Verhältnismäßig mild, Erholung rasch und kräftig
- Ende 20er Unterbeschäftigung ähnlich wie Deutschland, aber stetiger
- Tiefpunkt 1932: BSP -5,6% Produktion -11%, Arbeitslosenquote 17%
- Ab 1934 Vorkrisenniveau, aber hohe Arbeitslosigkeit
- Aufschwung nach 1932 verlief rasch und kräftig aber nur in eingeschränktem Sinn: Tatsächlich erreichte englische Wirtschaft schon 1934 (früher als Deutschland und USA) wieder Niveau des letzten Vorkrisenjahres 1929, aber dieses Vorkrisenniveau war verhältnismäßig niedrig
- Hohe Arbeitslosenquoten zeigen (auch wenn es Zunahme des Arbeitskräftepotentials Gab) für gesamte 30er Jahre Dauerkrise an

Frankreich
- Problem des Indikators: Eindruck, als habe es in Frankreich in 1930er Jahren gar kein Arbeitslosenproblem gegeben; Zahlen zeigen nur Minimalwerte
- Krise in Frankreich hat lange gedauert und war 1939 noch nicht überwunden
- Beginn erst ab 1932
- Tiefpunkt 1935/36, geringerer Schärfe als Deutschland und USA
- Milder Verlauf: NSP -18%, Produktion -28%, Arbeitslos 10%

Schweden
- Beginn ab 1931
- Tiefpunkt 1932/33: Verhältnismäßig geringe Produktion und Beschäftigung
- Ausgesprochen milder Verlauf: BSP -20%, Arbeitslos 7%
- Schwedische Wirtschaft erholte sich bis 1935/36 auf das Niveau des besten (und letzten) Vorkrisenjahres (1930), aber fortbestehende Arbeitslosigkeit 5%

Japan
- Schätzungen zur Arbeitslosen in 1930er Jahren sind wahrscheinlich zu niedrig
- Früher Ausbruch 1930
- Tiefpunkt 1931/32: BSP -6%, Arbeitslos 8%
- Milder Verlauf, rasche Erholung
- Ab 1936 mittelfristige Vollbeschäftigung

Charakteristische Sachverhalte der Krise:
- Großes Ausmaß Krise
- Nachfolgende, mittelfristige Herstellung der Vollbeschäftigung in Deutschland
- Zwischenhoch im Frühjahr 1931
- Wiederabsacken der Konjunktur ab Juli 1931
- Konjunkturwende im August/September 1932
- Konjunkturaufstieg ab Juli 1933 nach Rückschlag im Frühjahr 1933

3. Allgemeine Theorien über Entstehung und Überwindung von Arbeitslosigkeit

Überproduktion als Ursache, Reinigungskrise zur Überwindung
- Hohe (Fehl-)Investitionen durch starke Anreize, wie WK oder Inflation
- Nachfrage nach Investitionsgütern stagniert
- Lösung: Produktionsapparat muss "beschnitten" werden

Abnahme der Investitionsmöglichkeiten, Arbeitszeitverkürzung zur Überwindung („Säkulare Stagnation")
- Technischer Fortschritt und Bevölkerungswachstum stagnieren im Kapitalismus
- Folge: Investitionen nehmen ab (es wird mehr Kapital gespart, als investiert wird)
- Scheint kaum überwindbar
- Lösung: Einkommensumverteilung und Verstaatlichung der Investitionen
- These: Es gibt von eine von Entwicklung neuer Bedürfnisse unbeeinflussbare, feststehende Güternachfrage und damit Arbeitsmenge
- Also kann Arbeitslosigkeit nur vermieden (wenn sie, wie nach 1929, einmal entstanden ist) überwunden werden, wenn vorhandene Arbeit auf Arbeitswilligen aufgeteilt wird
- Wichtiges Mittel dazu ist dauerhafte Arbeitszeitverkürzung

Hohes Preisniveau, Deflation zur Überwindung (feste Wechselkurse und Deflationspolitik)
- Betont Bedeutung der Exportnachfrage für Beschäftigung bei festen Wechselkursen
- Bei flexiblen Wettbewerb ungefährdet, Preisveränderungen leicht ausgleichbar
- Bei festen Wechselkursen (wie in Deutschland bis 1973) treten inländische Preisveränderungen unverändert in Exportpreisen auf: Sinkende Preise erhöhen Export, steigende vermindern ihn
- Damit verändert sich Wettbewerbsfähigkeit und Beschäftigung (besonders wenn Land exportabhängig ist)
- Feste Wechselkurse müssen über Währungsreserven geregelt werden
- Lösung: Deflationspolitik (Politik zur Senkung des Preisniveaus), klassisches Mittel zur Behebung von Arbeitslosigkeit
- Land gibt Währungsreserven (Gold und/oder Devisen) her und in Anpassung an verringerte Währungsreserven vermindert es mithilfe der Zentralbankpolitik (Offenmarktverkaufe, Diskontsatzerhöhung) die inländische Geldmenge (Bargeld, Bankdepositen)
- Folge: Preise, Kosten, Einkommen und Importe sinken
- Goldstandard in Vorkriegszeit: Währungen standen im festen Verhältnis zu Goldreserven
- Voraussetzungen:
  - Länder müssen bereit sein, Geldmengen entsprechend Währungsreserven zu verändern
  - Flexibilität des Preis- u. Kostenniveaus
  - Ungehinderter internationaler Waren- u. Kapitalverkehr

Hohe Kosten (mangelnde Rentabilität), Senkung des Kostenniveaus zur Überwindung (Bedeutung von Investitionsausgaben)
- Ohne Investitionsmöglichkeiten mit positiven Ertrag: Höhere Arbeitslosigkeit!
- Investitionsausgaben sind wichtiger bei Beseitigung von Arbeitslosigkeit als Konsumausgaben
- Auch sinnvoll bei nicht ausgelasteten Produktionskapazitäten, da Apparat dann effektiver

- Gewinnerwartungen nehmen zu durch Steigung des Vertrauens in Wirtschaftspolitik und durch Verbesserung des Kosten-Erlös-Verhältnis wegen sinkender Löhne
- Geldmengen stabil halten um Nachfrage zu erhöhen, Produktivität zu steigern, Gewinne erhöhen
- Mangelnde Rentabilität (in Verbindung mit Kreditmangel) war Hauptproblem der WWK

Schrumpfende Geldmenge, Ausweitung der Geldmittel zur Überwindung (Monetarismus)
- Über Ausmaß und Überwindung der Arbeitslosigkeit entscheide Geldmenge (Bargeld und Einlagen der Nichtbanken bei den Banken)
- Aufrechterhaltung der Geldmenge verhindere Arbeitslosigkeit, Erhöhung überwinde sie
- Nicht verhinderte Senkung der Geldmenge erzeugt höhere Arbeitslosigkeit
- Monetaristen sehen in unterschiedlicher Entwicklung der Geldmenge Schlüssel zur Erklärung des unterschiedlich schweren Verlaufs der Krise in verschiedenen Ländern (z.B. schwere Krise in USA und Deutschland, leichtere Krise in Schweden).

Mangelnde autonome Nachfrage, Erhöhung der realen Löhne/Erhöhung der öffentlichen Ausgaben zur Überwindung (Vorrang der Endverbrauchernachfrage)
- Krise aufgrund sinkender autonomer Endverbrauchernachfrage (privat und öffentlich)
- Lohnsenkung = Kaufkraftsenkung
- Mehr Beschäftigung durch mehr Kaufkraft der privaten Endverbraucher
- Anhebung der Beschäftigung gelingt nur, wenn zunächst Kaufkraft der privaten Endverbraucher (durch Steuersenkungen oder Lohnerhöhungen) gestärkt würde oder wenn Staat von sich aus antizyklisch Ausgaben erhöhe und damit Nachfragelücke ausfülle

Störungen des internationalen Waren- und Kapitalverkehrs, Beseitigung der Störung zur Überwindung (Destabilisierung der Weltwirtschaft)
- Schwerpunkt der Theorie liegt auf Entwicklung der internationalen Beziehungen
- Schuld sind UK u. USA, weil sie nicht:
  - Erhaltung des offenen Marktes für Krisenprodukte
  - antizyklische Bereitstellung langfristigen Kapitals
  - Diskontgewährung bei Krisen

Abschließende Bemerkungen
- Schwierig, die Erklärung der WWK nur auf eine Theorie zu stützen!
- Theorien schließen sich aber nicht gegenseitig aus!
- Erklärung besteht aus mehreren Teilen ver. Theorien!

Vorherrschende Meinung für WWK in Deutschland:
1. Nachfragetheorie (Endverbraucher geben nichts mehr aus)
2. Post-Keynes + Monetarismus + int. Beziehungen
3. mangelnde Rentabilität

<u>Keynes' + Röpke</u>
- Starre Zinsen und starre Löhne verhindern Kostensenkung und beschäftigungswirksamen Anstieg der Investitionen!!
- Keynes schrieb Reallohnniveau und Zinsniveau überragende Bedeutung für Beschäftigung zu → Senkungen dieser Niveaus lassen Beschäftigung steigen
- Voraussetzung für steigenden Investitionen sind niedrige Zinsen
- Absinken der Geldmenge seit 1929 habe Krise verursacht
- Lösung bei Unterbeschäftigung: Senkung des Zinsniveaus und Senkung des Reallohnniveaus Stärkung der Investitionsneigung
- Wirkungsvollstes Mittel: Erhöhung der staatlichen Ausgaben
- Nur in seltenen Fällen Ankurbelung der Beschäftigung durch staatliche Ausgaben, wenn dadurch Gewinnerwartungen bei Unternehmen geweckt wird
- Wilhelm Röpke: Empfahl staatliche Investitionsausgaben in Infrastruktur als Initialzündung um Tiefpunkt Krise '31 zu überwinden

- ABER "normale Bedingungen" für gewinnbringende Investitionen notwendig
  - Preis-Kosten-Gefüge
  - Vertrauen in Politik
- Flexible Reallöhne + flexible Zinsen = Erhöhung der Investitionen
- Staatliche Ausgaben nur bei bestimmten Voraussetzungen sinnvoll
- Keynes und Röpke sehen (optimistische oder pessimistische) Unternehmensstimmung als ausschlaggebend bei Erklärung der unzureichenden Investitionen
- Verlagerung eines Teils der Erklärung des Krisenverlaufs und der Krisenbewältigung von Wirtschaftspolitik auf Unternehmerverhalten

4. Krisenpolitik der einzelnen Länder

- Generelle Beobachtung: Parallelen zwischen Nachfragestruktur und Beschäftigungsentwicklung: Privater Verbrauch sinkt in Krise schwächer ab als Investitionen und Exporte
- Bei Aufschwung aber steigen Investitionen und Exporte stärker als privater Verbrauch
- Zwei Beobachtungen:
  - Stabiler privater Verbrauch = milde Beschäftigungskrise (UK, SW, J, F)
  - Hoher Anteil von Investitionen, Rüstungsausgaben, Export = Erreichen Vollbeschäftigung (D, SW, J)

Deutsches Reich
- Vorkrisenjahr: Beschäftigungsschwach, Invest. schwach 11%, Export schwach 15,3%, Verbrauch stark 78,3%
- Investitionsschwäche in Landwirtschaft u. gewerblicher Wirtschaft
- In Investitionsentwicklung kündigte sich Krise an bevor 1930 Arbeitslosenquote abrupt hoch schnellte und Industrieproduktion sank
- Krise '29-'32: Rückgang industrieller Investitionen -10% (so stark wie in keinem anderen Land)
- In Industrie ging Investitionstätigkeit besonders scharf zurück, privater Verbrauch sank viel langsamer und auch im Tiefpunkt der Krise 1932 nur in mittleren Umfang
- Desinvestition! = mehr Abschreibungen als Investitionen
- Kürzung öff. Ausgaben
- Stabilisierung kurzzeitig durch Exporte u. priv. Verbrauch, die kaum sanken
- Aufschwungsjahre 33-38: öff. + priv. Verbrauch + Investitionen stiegen wieder auf Wert von '28, v.a. durch Rüstungsausgaben und privaten Wohnungsbau
- Invest + besonders Rüstungsausgaben = Motor für Beschäftigung
- Export keine treibende Kraft mehr, da NSDAP an Macht, was Sanktionen nach sich zog

USA
- Vorkrise: Vollbeschäftigung, hohe Investquote, v.a. dank hoher priv. Invests.
- In Krise: öff. Verbrauch stieg an, Exporteinbruch, priv. Verbrauch fiel -20%, priv. Invest -77%
- Unterschied zum deutschen Wirtschaftsaufschwung; Reale und private Anlageinvestitionen erreichten Ausgangsniveau von 1929 nie mehr (blieben sogar weit darunter)
- Anstieg des priv. Verbrauchs nach '33 gut für Krisenbewältigung, konnte aber private Anlageinvestitionen im Hinblick auf Beschäftigungswirksamkeit nicht erfolgreich ersetzen
- Export keine große Auswirkung auch Beschäftigung, blieb in 1930er Jahren unter Vorkrisenniveau

UK (E Agla Ad)
- Vorkrise: hoher priv. Verbrauch am BSP, niedrige Investquote
- Krise: größere Abhängigkeit vom Export, daher Beschäftigungseinbruch wegen des Verfalls
- Weniger Kapitaleinkünfte aus Ausland
- Export für UK damals überlebenswichtig
- Stabilisierung durch öff. + priv. Verbrauch, beide stiegen in Krise (Grund für milde Krise)

- Geringer Einbruch bei Investitionen, Niveau dabei aber immer schon niedrig
- Anhaltend hohe Arbeitslosigkeit

Frankreich
- Ähnlich wie UK
- Scharfer Exportrückgang -46%, als Beginn der Krise in Frankreich
- Investitionen fielen, aber langsam und in geringem Ausmaß -31%
- Relativ stabiler privater Verbrauch, v.a. durch landwirtschaftliche Erzeugnisse
- Nach Krise: voller Erholung priv. Verbrauch, aber weniger Exporte u. Investitionen

Schweden
- Milder Krisenverlauf
- Beginn 1930 mit Verfall der realen Nachfrage im Exportsektor, der für schwedische Wirtschaft in 1920er Jahren eine noch höhere Bedeutung hatte als für deutsche und französische Wirtschaft
- Stark exportabhängig: Rückgang -27% = Beschäftigungseinbruch, als Beginn der Krise
- Kaum Invest.rückgang (wie UK)
- Starker priv. Verbrauch
- Verbrauchsstabilisierung u. milde Beschäftigungskrise (wie UK, F, SW)
- Investitionen und industrielle Investitionen erreichten nach 1934 Anteilswerte am Bruttosozialprodukt, die sie vor Krise nie besessen hatten
- Aufschwung durch Exporte u. Anlageninvest. (Alleinstellungsmerkmal für SW)

Japan
- Ähnliche Entwicklung wie SW
- Exportrückgang als Auslöser (aber nur -6%) -> priv. Invest sanken daraufhin (wie F, UK, SW)
- Privater Verbrauch stieg leicht an
- 1936: Vollbeschäftigung durch hohe Zuwachsraten im Export + Rüstung + priv. Invest

Zusammenfassung aller Länder
- Stabiler Verbrauch mildert Krise
- Vollbeschäftigung erfordert Export + Rüstung +/oder Investitionen
- Ist schwierig, beides gleichzeitig oder kurz aufeinanderfolgend zu erreichen

5. Krisenpolitik in Deutschland
- Parlamentarische Verhältnisse: 5 Krisenkanzler zw. 38-33 (Müller, Brüning, Papen, Schleicher, Hitler)
- Nur 1. Kanzler Müller stützt Politik auf ordentliche Gesetzgebungsverfahren, Rest auf Notverordnungen mit Hilfe Zustimmung Reichspräsidenten u. geduldeter parl. Mehrheit bzw. Hitler mit Ermächtigungsgesetz
- Weimarer Verfassung gibt Reichspräsidenten Möglichkeit, außerhalb des parlamentarischen Gesetzgebungsverfahren und unter Ausschaltung von Verfassungsrechte Notverordnungen zu erlassen, wenn öffentliche Sicherheit und Ordnung gefährdet seien

Brünings Notverordnungspolitik
- Steuererhöhungen + Kürzung der Löhne wollte SPD nicht -> Auflösung Reichstag -> Notverordnung
- Wirtschaftspolitik geduldet von SPD, durch große Koalition erst möglich
- Viel Anträge von links u. rechts, die Notverordnungen aufheben wollten
- Entlassung von Hindenburg wg. Vertrauensverlust

Papens Notverordnungspolitik
- Keine Koalition möglich -> Auflösung -> wieder Wahlen -> Rücktritt Papens

Schleicher
- Von Hindenburg ernannt, ebenso erfolglos -> Entlassung
- Papen und Schleicher scheiterten an Unvermögen, parlamentarische Mehrheiten für Notverordnungen zusammenzubekommen

Hitler
- Wird 1933 zum Reichskanzler ernannt
- Ermächtigungsgesetz eingeführt (Reichsregierung kann ohne das in der Verfassung vorgesehene Verfahren Gesetze erlassen)

Brünings Haushalts- und Deflationspolitik (1930-1932, bis zum Tiefpunkt der Krise)
- Im Unterschied zu Jahren vor Ersten Weltkrieg hat Staat nach Inflation die laufenden Ausgaben meistens nur zu 90 % durch laufende Einnahmen decken können
- Senkung des allgemeinen Preisniveaus
- Wollte Haushaltsausgleich durch weniger Ausgaben u. mehr Einnahmen
- Aber keine konsequente Defla.pol. da Preissteigerung durch Subventionen (Preissteigerung durch Zölle etc.) bei Landwirt. + Exporte
- Gebrochene Deflationspolitik: Reparationspolitik (diente Haushaltsentlastung), Haushaltsausgleich
- Problem: Bis 1930 schon schwer Haushaltsdefizite über langfristige Anleihen zu finanzieren, ab Mitte 1931 auch nicht mehr möglich, Haushaltsdefizite durch Aufnahme kurzfristiger Schulden zu decken
- Kurzfristige Lösung: Durch Schatzanweisungen an deutsche Banken gedeckt (mit Bankenkrise Mitte 1931 schied Möglichkeit aus)
- Folge: Bei jeder Kassenkrise drohte Staatsbankrott
- Fehlende Einnahmen bei Sozialversicherungen + schwachen öff. Unternehmen
- Hohe Ausgaben bei Reparationsleistungen (25%) + Erhöhung Beamtengehalt + Einführung Arbeitslosenversicherung
- Ausgaben + 50%, Einnahmen "nur" +38%
- Haushaltsdefizit konnte nicht über langfristige Anleihen solide gedeckt werden (Inlandsanleihen wg. Misstrauen der Anleger am Kapitalmarkt, Ausland wg. "schwarzer Freitag" unmöglich)
- Einziger Ausweg: Haushaltsausgleich durch Steigerung der Steuersätze (Luxusgüter, Krisensteuer, Umsatzsteuer) u. Senkung d. Ausgaben (Löhne öff. Dienst, Arbeitslosenversicherung, Infrastruktur) !!
- Fast geschafft: Nettokreditaufnahmen von RM 3,6 Mrd. auf 0,2 Mrd. => erhebliche Defla. Wirkung
- Auch wegen Weigerung Reparationszahlungen an Siegermächte (2,5 Mrd.) (gelang der Reichsregierung nach Mitte 1931, Siegermächte zu überzeugen, dass das Deutsche Reich in Krise politische und kommerzielle Auslandsschulden nicht bezahlen kann)
- Senkung öff. Ausgaben = Minderung Nachfrage nach Gütern u. Dienstleistungen

Geldmengentwicklung und Kreditkrise
- Kreditkrise 1931 ist tiefer Einschnitt in Deutschland → bis Frühjahr 1931 schien Krise nur normale Konjunkturkrise zu sein, besonders nachdem sich Beschäftigung im Frühjahr 1931 etwas erholt hatte
- Erst mit Kreditkrise sanken Beschäftigung und Produktion so ab, dass sich Regierung und Wirtschaft auf lange und tiefere Krise einrichteten
- Erschwerte Beschäftigung, da weniger Kredit für Firmen
- Rückläufiges kurzfristiges Kreditvolumen u. Verminderung d. Geldmenge
- Verminderung des Kreditangebots durch Abzug der Bankeinlagen (Zuerst Abzug ausländischer Banken, dann Flucht inländischen Kapitals; Gläubiger zogen 30% ab)
- Einlagenabzüge setzen immer ein, wenn im Ausland Vertrauen in politische und wirtschaftliche Entwicklung Deutschlands verloren ging

- Erschwerte wiederum Banken Kreditvergabe an Unternehmen
- Liquidität der Unternehmen sank
- Reichsbank betrieb nur vorsichtige Kreditpolitik: War verpflichtet, Geldmenge zu 30 % durch Gold und 10 % durch Devisen zu decken
- Folge: Geld- und Kapitalmarktzinsen sind hoch durch Krieg und Inflation, doppelt so hoch wie Ausland
- Deutsche Kapitaleinfuhr (Kredite) v.a. aus USA
- Überwiegen kurzfristiger Kredite, die durch Bankenkrise '31 ausliefen u. nicht mehr neu aufgelegt wurden + Abzug von Gold- u. Devisen
- Gescheiterte Bemühungen um Auslandskredite, sowie Vertrauensverlust deutscher Anleger in Solidität öff. Finanzen = Zahlungseinstellungen (Bankfeiertage)
- Abzug der Einlagen als (deutsche Kapitalflucht) als Gesamtkrisenverstärker

- <u>Bewältigung</u> der Krise durch bankenstützende Maßnahmen seit Sommer 1931→ Geldmenge, Bankeinlagen und Bankkredite gingen seit September 1931 nicht mehr sprunghaft zurück:
1. Devisenbewirtschaftung unter Kontrolle der Reichsbank (Devisenbesitz und -handel)
2. Stillhalteabkommen zw. Banken und ausländischen Gläubigern
3. Akzept- und Garantiebank (Banken für Inlandskredite wieder flüssig, Garantiebank gab Kredite an Banken) → Zum ersten Mal Konstruktion eines Kreditexpansionsinstruments, mit dem Verpflichtungen der Reichsbank, nur dreimonatige Warenwechsel zu diskontieren, umgangen wurde → Instrument wurde im 3. Reich zum Hauptträger der Rüstungsfinanzierung.
4. Staatsbeteiligung an Großbanken (Dresdner 91%, Commerz 70%, Deutsche 35%)

PhaseA der KreditAachfrage der Wirtschaft:
1) Vor Ausbruch der Weltwirtschaftskrise war Geld knapp; viele Auslandsgeschäfte konnten aus Mangel an Kredit nicht abgeschlossen werden
2) 1930 und Anfang 1931 wurde kaum Kreditmangel, empfunden (Unternehmen waren liquider), erfolgversprechende Auftragsanfragen an Investitionsgüterindustrie steigen
3) Kreditkrise ab Mai 1931 änderte Situation schlagartig, Unternehmen schoben aus Kapitalmangel allen Investitionsbedarf auf, Verzicht auf abschlussreife Geschäfte mit langen Zahlungszielen, vor allem mit Ausland, Liquidität sank Mitte 1931 bis Mitte 1932 stark ab
4) Im Herbst 1931 forderte Industrie Reichsbank zur Ausweitung des Kredits auf, danach sank vermutlich Auftragseingang und Kreditnachfrage ab, sodass knappes Kreditangebot nicht mehr als Engpass empfunden wurde

Deflationspolitik und Auswirkungen auf Preise und Kosten
- Politik zur Senkung des allg. Preisniveaus
- Ziel: beschäftigungsfördernde Hebung des Exports
- Verringerung öff. Nachfrage zur Preissenkung
- Einlagenabzüge
- Erschwerung von Investitionen durch Einlagenabzüge und Kreditpolitik
- Direkte Eingriffe der Reichsregierung in Preisentwicklung bei Bergbau u. Stahl
- Preissenkung bei Lebenshaltungskosten -30%
- Lohnstückkosten höher als in F, niedriger als in UK
- Kostensenkung der Produktionskosten in Krise in mehreren Stufen -7,5%, -6%, -10% (sehr wichtiger Faktor in Deflationspolitik)
- Kostensenkung in Produktion sollten Rentabilität der Unternehmen über das Ausmaß der Vorkriegsjahre steigern
- Ergebnis der staatlich und privatwirtschaftlich bewirkten Lohnsenkungen: realer Stundenverdienst von 1932 liegt auf Niveau von 1928, am Ende darunter lagen
- Für Produktionsgüterindustrien, deren Preise weniger stark sanken als die Lebenshaltungskosten, war der Rentabilitätsgewinn durch Lohnkostensenkunq noch deutlicher
- Neben Stundenlohnsätzen wurden Gemeinkosten gesenkt: Ermöglichte Rentabilitätssteigerungen sobald Beschäftigung wieder stieg

- Rentabilitätssteigerungen erst Ende der Krise durch Senkung Lohn, Gehalt, Zinssumme

Deflationspolitik nicht konsequent u. stringent genug durchgeführt (Arbeitsbeschaffungsprogramme, Industrie- und Banksubventionen, Russengeschäfte, Agrarpolitik)
- Delationshemmende Sachverhalte (nichtstaatl. Gründe):
  - inflexible Löhne
  - Kartellpreise
  - Preisadministration

Staatliche Abweichungen:
- Durch reichsgarantierten Exportkredit für Russlandgeschäfte, antideflatorische Kreditexpansion (Staat übernahm Ausfallbürgschaften bis zu 70%) teilweise wettbewerbsverzerrend
- Stärkster Widerspruch: Agrarsubventionspolitik durch Zölle + Absatzstützungsmaßnahmen des verfallenden Weltmarktpreises wg. Überproduktion
- Hilfen für Landwirtschaft Fremdkörper in Deflationspolitik:
1. Hilfen belasteten Haushalt
2. Importzölle hoben inländisches Preisniveau und verteuerten Lebenshaltungskosten (preisstützungsbedingte Hochhaltung der Lebensmittelpreise erschwerte Lohnsenkungen und Lohnverzichte im gewerblichen Bereich)
3. Agrarzölle führten zu Boykott deutscher Waren in UK, BeNeLux, Baltikum)

Russengeschäfte:
- Kredite und Ausfallbürgschaften die Regierung zur Unterstützung des Exportgeschäfts in Sowjetunion gab → Reich und Länder bürgten für 60 - 70 % der von den deutschen Lieferanten bei zusätzlichen Lieferungen in Sowjetunion gewahrten Lieferkredite
- Russengeschäfte machten 1931 8 % und 1932 11 % des deutschen Gesamtexports aus
- Stiegen stark, während Industrieproduktion und Gesamtausfuhr erheblich zurückgingen
- Russengeschäfte beruhten auf einer der Deflationspolitik zuwiderlaufenden Kreditexpansion der Reichsbank

Agrarpolitik:
- Reichsregierung hat während Krise (mit teilweisem Erfolg) versucht, Wirkung der Agrarkrise auf Einkommen und Besitz in der Landwirtschaft zu mildern (Importzolle, spezielle Preis- und Absatzstützungsmaßnahmen, Entschuldung und Ansiedlung)
- Roggenpreis wurde durch staatliche Roggenkäufe gestützt, führte zu Ausdehnung des Roggenanbaus und damit zu Roggenpreisverfall
- Osthilfegesetze für Unterstützung der ostelbischen Landwirtschaft

Deutscher AußeAhaAdel (BeeiAflussuAg durch WelthaAdelseAtwickluAg uAd HaAdelspolitik)
- Ziel Deflationspolitik: Exporte und damit Beschäftigung und Deviseneinnahmen erhöhen
- Ergebnis: Regierung Brünning Ziel, mithilfe der Exporte Beschäftigung zu stabilisieren, nicht erreicht (1932, Jahr des Krisentiefpunktes, fiel Exportvolumen scharf ab; Exportentwicklung destabilisierte die Beschäftigung)

Ursache für starke Exportschwäche DeutschlaAds:
1. Allgemeine Welthandelsschwäche aufgrund Protektionismus der Industrieländer; Nachfragerückgang bei überseeischen Rohstoffländern, da Preissturz durch viel zu großes Angebot
→ Mit Rohstoffpreisen sank Kaufkraft und damit Importfähigkeit der Rohstoffländer
2. "beggar-my-neighbour"-Politik: Politik zur Erzielung von Außenhandelsüberschüssen, die Beschäftigung und Produktion der Handelspartner hemmen (mit Zöllen, Kontingenten, Devisenbeschränkungen etc.)

- Offen: Inwieweit hätte raschere und stärkere Preis- und Kostensenkung Export belebt und über Exportausweitung anregend auf Investitionen gewirkt (hohe und frühen deutschen Agrarzolle haben zur Kaufkraftminderung der Rohstoffländer und zur Umlenkung

- des industriellen Importbedarfs bei europäischen, Agrarerzeugnisse exportierenden Ländern beigetragen)
- Abwertung der Reichsmark hätte vermutlich Abwertungswettlauf und andere Abwehrmassnahmen des Auslandes ausgelöst und deutsche Exporte nur kurzfristig belebt

Krisenpolitik nach Brünis Ag ('32-'36): Arbeitsbeschaffung, Preise, Kosten, Kredit, Finanz- und Außenpolitik)
- Nach Brünings Sturz unvollständige Wirtschaftspolitik

Neu bei von Papen:
- <u>Arbeitsbeschaffungsmaßnahmen</u> direkt durch Auftragsvergabe (für Infrastruktur, Siedlungen, Reichsbahn, Post = 50.000 Notstandsarbeiter u. 150.000 Jugendliche), indirekt durch Steuererleichterungen RM 2,2 Mrd. für Steuergutscheine bei Steuerzahlungen, Geld für Mehrbeschäftigung + Tariflohnsenkung bei Mehrbeschäftigung u. Neueinstellungen
- Ergebnis: Alles wenig gebraucht (Steuergutscheine wurden nur sehr zögerlich eingelöst, Tarifverträge werden nicht angefasst aus Angst vor sozialen Unruhen)
- Keine Änderung bei Preisen und Kosten, bei Kreditwesen und in Exportentwicklung
- Zur Sicherung des Haushaltsausgleichs wurden Steuern weiter erhöht und Leistungen für Arbeitslose drastisch gekürzt

<u>Schleichers Kehrtwende</u>
- Sofortprogramm der unmittelbaren ABM (schnell aufgebraucht)
- Grund: Abneigung gegen Gutscheinsystem, Sympathie für direkte ABM
- Sofortprogramm an private Unternehmen für Infrastruktur, Rüstung, Landwirtschaft
- Gewinn der Unternehmen sollte kleingehalten, und Arbeiten möglichst nur mit menschlicher Arbeitskraft ausgeführt werden

<u>NSDAP Wirtschaftspolitik</u>
- Aufrüstung u. wirtschaftsliberale Elemente
- ABM-Politik wurde in ziviler Ausrichtung fortgeführt (dauerte ein Jahr bis sich Aufrüstungsziel in Wirtschaft durchsetzte
- Schwerpunkt liegt auf Kraftfahrzeugindustrie und Bauwirtschaft
- KFZ-Steuerbefreiung, öffentliche Aufträge für Infrastruktur (u.a. Reichsautobahnen, Wohnungen, Landwirtschaft)
- Ende 1933 endete Gesetzestätigkeit bei Arbeitsbeschaffungsmassnahmen (Arbeitsvorrat aus alten Programmen, Aktivitäten zur Autarkisierung der deutschen Wirtschaft, Zinssenkungen, Steuererleichterungen und Senkungen der Soziallasten zur Belebung der Beschäftigung reichen aus)

<u>Gesamt ABM '32-'36</u>
- RM 6 Mrd. für alle Maßnahmen zusammen
- Schwerpunkte: Infra., Bahn, Wohnungen, Landwirtschaft, Rüstung
- C1 Mio. Menschen in ABM
- Beschäftigungswirksamen Mehrausgaben für Rüstung lagen erheblich über Ausgaben für unmittelbare zivile Arbeitsbeschaffung

Bewältigung der Krise im NSDAP-Regimes
- Unvollkommene Abkehr von Deflapol: Preise, Löhne, Kredite, Exporte
- Löhne und Preise bleiben 1932 - 1935/36 (Vollbeschäftigung) verhältnismäßig stabil
- Nominale Bruttostunden-Verdienste stiegen ab 1933 schwach an, realen Bruttostundenverdienste nicht, weil auch Lebenshaltungskosten geringfügig wuchsen
- Instrumente für Lohnstabilität: Allgemeiner Lohnstopp, Kontrolle der Lohn- und Arbeitsbedingungen durch die beamteten Treuhänder der Arbeit)

- Für Unternehmen bedeutete Lohnstopp sichere und niedrige Kalkulationsgrundlage; zusammen mit langsam steigenden Fixkosten bei Beschäftigungsausweitung führte er ab 1935 zu sehr hohen Gewinnen
- Reichsregierung verfolgte Politik niedriger und konstanter Löhne, weil sie keine Konsum-, sondern Rüstungskonjunktur anstrebte
- Politik niedriger u. konstanter Löhne durch allg. Lohnstopp, Preiskontrolle der Treuhand für stabile Löhne
- Kredite für Privatwirtschaft weiter knapp
- Wegen ABM und Rüstungsprogrammen mussten "schwebende" Schulden aufgenommen werden
- Kreditkosten für feste, langfristige Kredite blieben hoch → Abkehr der Politik des billigen Geldes!
- Folge: Kreditengpass, der entscheidendes Hindernis für Wiederbelebung der Produktion!!
- Kapitalmangel war eines der Investitionshindernisse
  - Reinhardt-Programm der Nazis investitionsfeindlich, da ABM nur für Menschen, keine Maschinen
  - Verbot von Emission von Aktien u. Obligationen -> Unternehmen mussten sich selbst finanzieren
  - Teilweise Investitionsverbote für bestimmte Industriezweige
- Fortbestehen von exporterschwerenden Bedingungen → Devisenmangel, Angst vor Abwertungswettlauf

<u>Exporthemmende Sachverhalte in Deutschland</u>
1. "beggar-my-neighbour"-Politik
Schutz durch Zölle, Währungsabwertungen und Devisenbeschränkungen (Inlandspreise wurden von Weltmarktpreisen abgekoppelt)
2. Exportprodukte im Ausland z.T. boykottiert wegen Judenverfolgung in Deutschland
3. Ausländische Unternehmen im Vorteil durch billiges Geld für längere Zahlungsziele
4. Importlenkung durch Devisenzuteilung und bilaterale Verrechnungs- oder Zahlungszwang schränkten deutsche Exporte ein: Machten Export in ein Land von dessen direkten Liefermöglichkeiten abhängig, verhinderten, dass Deutschland Position als Industrieland ausbaut
weiterging:

Ab 1936 gilt Krise als überwunden!

<u>Investitionsbereitschaft der deutschen Unternehmen</u>
- Hängt von Finanzierungsmöglichkeit und Gewinnerwartung ab
- Gewinnerwartungen hängen von Vertrauen ab, das Unternehmen in Entwicklung der (subjektiven) Rentabilitätsbedingungen haben

<u>Krise als Vertrauenskrise</u>, Misstrauen in Erfüllung der Rentabilitätsbedingungen
Positive Gewinnerwartungen bei
- ausgeglichenem Staatshaushalt
- stabiler Währung
- wettbewerbsfähigen Produktions- u. Lohnkosten
- uneingeschränktem Handel
→ Alles nicht gegeben !!
<u>Ursachen</u> der Vertrauenskrise: Zu hohe Produktionskosten (Löhne, Soziallasten, Steuern), die Wettbewerbsfähigkeit des dt. Exports u. Inlandsabsatz beeinträchtigten
- Kreditkrise '31 weiterer Vertrauensabsturz (Lohn- und Sozialkostensenkung blieb zentrale und unerfüllte Forderung der Industrie)
  - Tiefpunkt '32: Glauben gänzlich verloren
- Stimmungsumschwung durch Septemberprogramm Papens '32, schaffte Produktionserleichterungen und wirkte ermutigend

- Dämpfer des Optimismus unter Schleicher, wegen Widerruf der Papschen Tariflohnsenkungen
- Vertrauenssteigerung im 3. Reich, Zuversicht in Ende der sozialen Auseinandersetzungen, kein Klassenkampf mehr durch Zerschlagung der Gewerkschaften (in gewerkschaftlicher Interessenvertretung sah großer Teil der Arbeitgeberschaft wesentliche Ursache für unzureichende Rentabilität der Unternehmen und hohe Arbeitslosigkeit)
- Weitere Steigerung durch ABM-Programme
- Keine Erholung des Exports → Zukunftsvertrauen der Industrie nach '32 blieb gedämpft (Grund ist zögernde Exportentwicklung)

6. Krisenpolitik des Auslandes

USA
Zwei besondere Merkmale für Konjunktur in 1920er Jahre:
1. Konjunktur beruhte auf rascher Entwicklung der chemischen, der Automobil-, der Elektro- und der Bauindustrie (Industriezweige, die neue langlebige Konsumgüter (Autos, Haushaltsgerate, Radios) und Investitionsgüter (Wohnungen) für Endverbraucher herstellten
2. Konjunktur wurde in hohem Umfang mit Krediten finanziert
- Industrie und Endverbraucher nahmen langfristige Kredite zur Investitionsfinanzierung auf
- Die in 1920er Jahren liquiden Banken gaben Kredit bereitwillig, weil sie auf die stetige Verfügbarkeit des Zentralbankkredits in eventuellen Krisenzeiten vertrauten

Ausbruch Krise 1929:
- Vertrauensverlust Industrie, ihre Produkte noch rentabel abzusetzen
- Rückgang Nachfrage und Einbruch Konsumgüter
- Aktienmarkt bricht zusammen (Schwarzer Donnerstag -90%), Vertrauensschwund

Krisenmerkmale:
- Sinkende Geldmenge + Kreditangebote + Preise, stabile Reallöhne, kaum staatliche Interventionen
- Große Bankenpleite wegen unverkäuflicher Aktien und Vertrauensverlust der Bürger
- Folge: Verminderung des Kreditangebots, obwohl Nachfrage hoch
- Rückläufige Kredite wirken preissenkend auf Verbraucherpreise -24% u. Agrarpreise -60%
- Löhne gleichbleibend
- Hoover (1929-1933): War von Selbstheilungskraft der amerikanischen Wirtschaft überzeugt, verzichtete auf staatliche Eingriffe in Wirtschaftsgefüge
- Roosevelts "New Deal" setzte auf Lohn- u. Preiserhöhungen, Allheilmittel war der Verbrauch
- Massenkaufkraft soll gesteigert werden (mit Hilfe Umverteilung von Einkommen)
- Steigerung des Preisniveaus führe zur Steigerung der Gewinne und damit zu Erholung
- Preisgabe des Goldstandards '33 (Dollarkurs frei schwankend), weniger Gold an Ausland abgegeben, dadurch Erhöhung des inländischen Preisniveaus
  - Abwertung des Dollars -> In USA steigen Preise der international gehandelten Güter (exportsteigernd)
  - Raschere Ausdehnung von Geld und Kredit scheiterte nicht an Angebot, sondern an nicht vorhandener Kreditnachfrage
  - Direkte Preis- und Lohnpolitik griff in Landwirtschaft und Industrie ein (Mindestpreisgarantie für unbegrenzte Mengen der geschützten landwirtschaftlichen Erzeugnisse)
  - Industriepolitik: Ermöglichung von Mindestpreisen und Mindestlöhnen (Idee, dass Wettbewerb zu Preisverfall führt und also aufgehoben werden muss)
  - Ziel Haushaltsausgleich (keine antizyklische Haushaltspolitik), aber umfangreiche ABM zu Beginn der Krise (kein Erfolg, keine Wirkung auf Investitionsgüterindustrie)

"New Deal"
- Kostete 20 Mrd. Dollar
- 8 Millionen Menschen in Arbeit (aber viele Einwanderer, daher blieb Arbeitslosenquote hoch)

- Gewinnerwartungen wegen Preis- und Steuerpolitik eingeschränkt (wesentliche Ursache für zurückhaltende Kreditnachfrage)

England
3 Perioden der englischen Wirtschaftspolitik '25-'39
1. Rückkehr zum Goldstandard 1925 bis Aufhebung des Goldstandards 1931
- Deflationspolitik, Haushaltsausgleich, restriktive Goldpolitik, Verzicht auf Intervention des Staates
2. Aufhebung Goldstandard 1931 bis Baldwin-Kabinett 1935/36
- Haushaltsausgleich, Verzicht auf ABM, Politik des billigen Geldes, Schutz der Industrie
- Regierung verzichtete weitgehend auf unmittelbare ABM und auf Subventionen für notleidende Industrien (Grund: Kreditaufnahme auf Kapitalmarkt zur Finanzierung öffentlicher Arbeiten erhöhe Zinssatz und behindert so private Investitionen)
- Wechselkurs des Pfunds sinkt
- Relativ stabiles Preisniveau: Verbraucher ziehen nicht so viele Bankeinlagen ab wie in USA und Deutschland
- Bedeutung des billigen Geldes wird für Wiederbelebung der Konjunktur 1932 als hoch eingeschätzt
3. Baldwin-Kabinett 1935/36 bis Chamberlain
- Politik des billigen Geldes, ABM, Aufrüstung
- Rückgang der Arbeitslosigkeit 1936 durch Rüstung

Warum trotz großem Aufschwung keine Vollbeschäftigung?
1. Lohnentwicklung: in der Krise stark steigend wegen privatem Verbrauch, dann stagnierende Reallöhne
- Industrie verlor durch hohe Lohnkosten international an Wettbewerbsfähigkeit, schlecht für Export, Unternehmen haben kein Vertrauen in langfristiges Wachstum und investieren nur vorsichtig
2. Neue Industrien entstehen (Automobil, Elektro, Kunstfaserindustrie)
- Mangel an Arbeitskräftemobilität, die nicht in neue Industriegebiete hinterher zogen, auch produktivitätshemmende Gewerkschaftspolitik
3. Schwächere Investitionsbereitschaft infolge Zollschutz u. Kartellierung, da Unternehmen durch sichere Gewinne befriedet u. wenig investierten

Frankreich
3 Perioden der französischen Wirtschaftspolitik '30-'39
1. Beginn 1930 bis Tiefpunkt 1935/36
- Viele Rechts- und Linksregierungen, stark durchbrochene Deflationspolitik.
2. Zwei Jahre Volksfrontregierung bis 1938
- Einkommensverteilung zugunsten Masseneinkommen, staatliche ABM
3. ab 1938 unter Daladier
- Liberale Ankurbelungsmaßnahmen

- Exportverfall als Beginn der Krise
- Keine Abwertung des Franc (Inflation sollte unter allen Umständen vermieden werden, Preise der französischen Erzeugnisse sollten dem internationalen Preisniveau durch Preissenkungs- bzw. Deflationspolitik angeglichen werden)
- Haushaltspolitik 1930-36 war deflatorisch
- Franc '26 nur noch 10% wert
- 1928 Stabilisierung durch Haushaltsausgleich u. restriktiver Geld- u. Kreditpolitik
- Abweichungen von Deflationspolitik:
    1. Kapitalflucht aus Frankreich droht, Banken geben bereitwillig Kredite
    2. Privatbanken sind liquide und geben auch Kredite aus
    3. Kreditangebot ist nicht geringer als Nachfrage gewesen

- Steigende Reallöhne (+24%) führen dazu, dass privater Verbrauch relativ stabil bleibt (aber belasteten auch Export und Invest. gravierend, belastet auch die Gewinne (-80%)
- Keine Gewinne = keine Investitionen
- Zölle u. Kartelle führten zwar zu Gewinnen, diese wurden aber nicht reinvestiert, sondern im Ausland angelegt
- Lohnentwicklung, Zollschutz und Kartellierung haben Deflationspolitik 1930-35 durchbrochen
- Volksfrontprogramm (Linke, Kommunisten, Sozialisten)1935: Weitere Stärkung der Masseneinkommen, allg. Lohnerhöhung +12%, 40-Std-Woche, bezahlter Urlaub
- Folge: Lohnkosten wurden von Unternehmen auf Preise abgewälzt (Reallöhne steigen nur geringfügig)
- Reale Einkommenssteigerung aber nicht erreicht, auch keine nachhaltige Belebung von Produktion u. Invest.
- Geldflucht u. Preisgabe des Goldstandards, da kein Vertrauen mehr in Politik (Vertrauen in Stabilität der Währung sinkt, Franc-Guthaben wird in Gold getauscht und im Ausland angelegt)
  - Mehrfache Abwertung hat Export geringfügig, industrielle Produktion vorübergehend und Investitionen gar nicht angeregt
  - Goldflucht wurde durch Abwertung nicht gestoppt, Vertrauen der Sparer kehrte nicht zurück
- Lockerung der Volksfrontbestimmungen unter Daladier '38: liberale Wirtschaftspolitik, Förderung priv. Invest., Rückkehr des Kapitals, wieder 45-Std-Woche
- Rüstungsprogramm ab '38

SchwedeA
Ähnlichkeiten Krisenverlauf u. -politik wie England
- Milder Verlauf, erfolgreicher als UK überwunden
- Exportverfall als Auslöser
- Priv. Verbrauch stabil
- Export u. Invest stiegen + Reallöhne
- Abweichung vom Goldstandard, Währung abgewertet, Politik des billigen Geldes
- ABM-Programm: volkswirtschaftlich produktiv, nach Tariflöhnen, materialintensiv für Anregung der Investitionsgüterindustrie, finanziert durch Anleihen aus dem inländischen Kapitalmarkt)
- Programm war klein dimensioniert, hat aber zur Stabilisierung beigetragen und Vertrauen der Privatwirtschaft in Dauerhaftigkeit des Aufschwungs gestärkt
- Gute Auslandsnachfrage nach Schweden-Produkten

- Anti-deflationistische Wirtschaftspolitik '32 mit Politik des festgenagelten Wechselkurses:
1. Hebung des Preisniveaus (auch so eingetreten), Erwartung ist beschäftigungswirksame Rentabilitätssteigerung und Entschuldung der Wirtschaft
  - Fallender Wechselkurs verhinderte, dass das ausländische Preisniveau auf schwedische Preise durchschlug, der gegenüber dem Pfund stabilisierte Kronenkurs sicherte, dass das seit 1933 steigende englische Preisniveau auf das schwedische Preisniveau durchschlug
2. Exportsteigerung (Krone extra -25% abgewertet + Bindung an Pfund = Exportvorteile)
3. Verbilligung des Kredits (Ziel: Invest.- u. Produktionsanregung)
  - Reichsbank erhöht Devisenbestand, bedeutet hohe Liquidität für schwedischen Geldmarkt (preiswertes Kreditangebot, wurde aber nicht von Unternehmen ausgeschöpft)
  - Vertrauen der Privatwirtschaft steigt seit 1934, Kredite nahmen schwächer als Einlagen zu
  - Lohnentwicklung und Agrarpreispolitik (Abkopplung der inländischen von Weltmarktpreisen) ähnlich, stabilisierten den privaten Verbrauch, belasteten aber Export, der überragende Bedeutung für Konjunkturbelebung hatte (offen, ob er noch stärkere Antriebskraft entwickeln hätte können)

JapaA
- milder Verlauf, Auslöser Exportrückgang, priv. Verbrauch stabil (wie UK, SW)
- Aufschwung fast Vollbeschäftigung, getragen von Export + priv. Invest + Staatsausgaben
-> jap. Politik hat Aufschwung maßgeblich begleitet
-> entschieden anti-deflatorisch gehandelt (billige Kredite, Zinssenkung auf 3%, ABM)
-> in Sozialpolitik aber sehr defla.!
-> tat nichts gegen Verfall der Reallöhne
- Aufgabe Goldstandard: Exporterleichterung u. Importerschwerung
- effektive Abwertung des Yen gegenüber Pfund -40%
- Anhebung Exportpreise wg. niedrigen Lohnkosten kam Gewinnen zu gute 9% Rendite = mehr Invest.
=> Abwertung Yen + Senkung Arbeitskosten = Ausdehnung Export, Gewinne d. Unternehmen, mehr Invest. !!
=> Erhöhung staatl. Ausgaben (v.a. in Rüstung) gut für Invest. u. Beschäftigung

7. Ursachen der Krise in Deutschland u. evtl. Alternativen

Überinvestitionen Ursache?
- überall Bereinigung von Produktionskapazitäten (Stilllegungen) in der Krise
- falsche Erwartungen führten zu überhöhten Invest.
-> diese "Fehlinvest." aber nicht Schuld an Krise
- erfolgreiche Krisenbewältigung nur durch Neuinvestitionen
- Missverhältnis zw. Erzeugung (Kapazitäten) u. Verbrauch zu Beginn der Krise u. notwendige Bereinigung, aber zusätzliche Erklärung des Krisenausmaßes u. Krisenbewältigung notwendig

Abnahme der Investitionen Ursache?
- These von der säkularen Stagnation nicht bestätigt, da mittel- u. langfristiger Anstieg des BSP
- in Teilen half Arbeitszeitverkürzung als ABM, regte Produktions- u. Einkommenssteigerung nicht an
- gesetzliche Regelung dazu hat aber nur bedingt geholfen

Preisniveau Ursache?
- Defla.pol. hatte es in Krise schwer Arbeitslos. abzubauen, verschärfte Krise sogar noch
- dennoch entscheidende Voraussetzung für spätere Vollbeschäftigung!
- Defla. entsprach damaligen Spielregeln bei festen Wechselkursen
- Hätte früher kommen müssen da Leistungsbilanzdefizit u. Senkung des Preisniveaus machen müssen, damit hätten sich in D erhöht:
    - int. Wettbewerbsfähigkeit
    - Exporte
    - Beschäftigung
-> Problem: Spielregeln jedoch entscheidend verletzt durch Politik F u. USA, die selbst Defla.pol. betrieben, anstatt Geldmenge, Preise, Einkommen, Importe zu erhöhen!
- Handelspolitik aller Länder, die freien Güter- u. Kapitalaustausch durch Zölle, Kontingente, Boykotte, Abwertungen etc. ("beggar-my-neighbour"-Politik) torpedieren
-> D konnte immer schwerer exportieren
- mangelnde Flexibilität der inland. Löhne u. Preise, sanken nicht schnell genug
- Abwertung der Reichsmark hätte nicht viel gebracht, da mit Sicherheit ausländ. Gegenmaßnahmen
=> Deflapol verschärfte zunächst Arbeitslos., schuf aber Voraussetzung für Aufschwung, durch niedrige Produktionskosten und daraus folgendem Preisniveau, welches wiederum gut für Zukunftsvertrauen, das zu Invest. d. Wirtschaft führte!
- nur in D u. J vollzog Aufschwung auf niedrigem Kostenniveau, führte sogar zur Vollbeschäftigung

Mangelnde Rentabilität Ursache?
- unzureichende Investitionsnachfrage ein Hauptgrund für hohe Arbeitslos.!
- nach '32 Invest. als Mittel aus Krise
- Invest. abhängig von (erwarteten) Kosten u. Erlösen (Gewinne) -> nur wenn Gewinne, dann auch Invest., weil mehr Vertrauen in Zukunft
- Gemeinkosten in Krise soweit von Unternehmen gedrückt (auf 30%), dass im Konjunktur-auf-schwung Gewinne erzielt werden konnten, die zu Vertrauen u. Invest führten!
- Gegenteil dazu: hohe Arbeitskosten verringerten Invest. u. erhöhten Arbeitslos.!

Schrumpfende Geldmenge Ursache?
- tatsächlich großen Einfluss, denn je weniger Geld, desto schärfer war Krise (siehe USA + D)!
- Rückgang von Geldmenge (durch Einlagenabzüge der Bürger), Kreditangebot (damit auch Kreditrückgang wg. Abzug) u. Beschäftigung (Geld nun ins Ausland oder gehortet u. nicht invest.)!
- Aufschwung immer mit Anstieg d. Geldmenge u. ausgeweitetem Kreditangebot = Beschäftigung
-> keine Vollbeschäftigung ohne Gewinne u. Gewinnerwartungen!

Mangelnde Nachfrage Ursache?
- Kaufkrafttheorie des Lohnes erklärt Krise u. Überwindung in D nicht!
- Rückgang der privaten Invest. (nicht öff.) steht am Anfang der Krise, nicht Reallohnsteigerung!
- im Ausland: hohe Reallöhne mildert Krise, aber dadurch kein Aufschwung
ABMs:
1. Konnte öff. ABM Nachfragelücke schließen?
-> Nein. Nur Rüstungsausgaben umfangreich genug, erreichte damit Vollbeschäftigung
2. ABM gut als "Initialzündung" für Zukunftsvertrauen d. Unternehmen für Invest., ansonsten geringe Wirkung
=> Voraussetzungen für Initialzündung war rentable Produktion! mit...
    - niedrigen Arbeitskosten
    - billigen u. vielen Krediten
    - stabilen Preisen
    - ausgeglichener Staatshaushalt
    - stabile Währung
ABM wirkte...
    - vertrauensfördernd, da sie über
    - Steuersenkungen, Kosten senkte!
-> Voraussetzungen alle ab '32 in D erfüllt, in USA nicht (Arbeitskosten zu hoch)

Internationaler Waren- u. Kapitalverkehr Ursache?
- Störung d. internat. Kreditbeziehungen nicht Ursache, aber Verstärker!
- Schuld UK, USA, F, da weniger Kreditvergabe u. keine Ausdehnung d. Geldmenge
-> Export hatte Schlüsselrolle für Konjunktur- u. Beschäftigungsentwicklung
- Exportverfall Auslöser in UK, F, J, SW
-> entweder Exportweg (J +SW) oder Rüstungsweg (D) als Mittel zur Vollbeschäftigung, nie über zivile Binnennachfrage
- beggar-my-neighbour-Politik bedeutsam für Export u. Beschäftigung, denn wenn Importe verhindert werden, schwächt man die Kaufkraft der anderen u. seinen eigenen Export!!

Zusammenfassung
- keine Theorie liefert hinreichende Erklärung, aber alle bieten Teilerklärungen!
- *Überi/Avestitio/Astheorie*: erklärt Ausmaß, nicht Tiefe u. Dauer
- *Stag/Aatio/Astheorie*: nicht geeignet für D
- *Deflatio/Astheorie*: erklärt spätere Vollbeschäftigung, nicht Tiefe u. Dauer

=> Reihe von Bedingungen für alle Theorien nicht erfüllt!
- *Rentabilitätstheorie* (große Bedeutung)
    - erklärt Tiefe u. Dauer
    - trifft Krisenverlaufs- u. Überwindungserklärung
    - allerdings bestanden Renta.bed. nicht nur aus niedrigem Lohnniveau
- *Geldmengetheorie*
    - wichtige Bedingung für Ausmaß Beschäftigungsrückgang
    - für Vollbeschäftigung notwendige, aber nicht hinreichende Voraussetzung
- *Kaufkrafttheorie des Lohnes*
    - erklärt Tiefe d. Krise
    - nicht Vollbeschäftigung
- *Theo. d. Staatsnachfrage*
    - erklärt nicht Auslöser
    - aber viel zur Überwindung
    - Ankurbelung durch Staatsnachfrage Teilerklärung für Aufschwung
- *Theo. internat. Störungen*
    - bedeutsame Teilerklärung für Verlauf u. Überwindung
    - nennt Vollbeschäftigungsbedingungen
    - nennt Alternativen zum dt. Weg

Zusammenfassung
Ursachen:
1. Beschäftigungskrisen sind Invest.krisen!
    - unzureichende Rentabilität, daher Schwäche bei Invest.
    - Erschwerungen des Auslandsabsatzes
    - Rückgang d. Kreditangebots
2. Versuch Beschäftigungsproblem mit Deflapol. zu lösen kurzfristig gescheitert! (wie überall), weil:
    - offene Auslandsmärkte
    - hinreichender Kredit
    - Flexibilität d. Kosten
    => ALLES NICHT GEGEBEN
Alternativen für D:
1. Exportförderung durch Abwertung RM wäre ebenfalls wenig erfolgreich (Gegenmaßnahmen Ausland, damit inländische Preissteigerungen)
2. Reallohnsteigerungen (wie UK, SW, F, J), hätte Aufschwung belastet, mangels Kreditangebot
Ergo:
- Arbeitskosten u. -produktivität mussten sinken für Vollbeschäftigung (wie D u. J)
- da diese invest.anregende Gewinne in Industrie ermöglichten
- Vollbeschäftigung nur mit hohen Rüstungsausgaben oder guter Exportnachfrage möglich
- D nimmt Rüstungsausgaben, hätte aber auch Export durch Liberalisierung des Außenhandels u. Ankurbelungsaufgabe wählen können
- ABM hatte gewisse Ankurbelungswirkungen, schuf ab '32 Vertrauen, damit auch Voraussetzung für Vollbeschäftigung
=> für Aufschwung entscheidend:
    -> INVESTITIONEN
    -> dafür braucht es Vertrauen d. Unternehmer in künftige Rentabilität!

8. Überzeugungen u. Ziele d. dt. Kanzler

- Brüning überzeugt von seiner Defla.pol., aber von seiner Umgebung auch nicht zu anderem gedrängt!
- somit weder ABM-Pol., noch stärkere Defla.pol.
Brünings 3 deflationistische Ziele:

1. Unwirksamkeit staatl. Interventionen im natürlichen, reinigenden Ablauf einer Krise
2. Anhänger von Haushaltsausgleich u. Preisstabilität d. Währung, somit Gegner von Verschuldung u. Inflation
3. Streichung der Reparationen, die wirt.pol. Ds beschränkte + erhebliche finanz. Belastung (17% d. Exportwertes)

Brünings außenpol. Handlungsspielraum
- Vorkehrungen im Bankengesetz gegen Wdh. d. Inflation festgeschrieben
-> Einschränkung d. nat. Geld- u. Währungspolitik aus Angst vor Inflation
- Bankengesetz Bestandteil internat. Verträge, Abweichungen nur mit Zustimmung internat. Überwachungsorgane
- Hinwegsetzung wg. Reparationszahlungen unmöglich
- für Herabsetzung RM stellte Young-Plan Hindernis dar

Brünings innenpol. Handlungsspielraum (ver. Meinungen d. Akteure)
- Regierung: Vorschläge einer anti-zyklischen Wirtschaftspolitik (Einigung '31, dann Skepsis)
- Reformer: Kaufkraft über Lohnerhöhungen, Kreditausweitung, ABM
- Ökonomen: Mehrheit lehnte innere Kreditschöpfung u. defizitfinanzierte Staatsaufträge als inflatorisch ab -> interventionsfeindliche Mehrheitsmeinung
- Professoren: gegen neugeschaffenes Geld für öff. Aufträge, damit auch gegen Inflation
- Vorherrschende wirt.pol. Theorie: eher liberal
- Arbeitnehmer u. Arbeitgeber: gegen antizyklische Wirtschaftspolitik
- Unternehmer: Unterstützung der Deflapol., weil notwendige Senkung d. Produktionskosten
Forderung: Wiederherstellung von Rentabilität u. Kapitalbildung + Schwächung d. Gewerkschaften mit Lockerung Tarifzwang + Lohnsenkung!
Unzufriedenheit über Brünings lasche Lohnsenkung
- SPD u. Gewerkschaften: Gegner antizyklischer Krisenpolitik

=> der defla.pol. Handlungsspielraum Brünings:
- hätte es schwer gehabt reichsbankfinanzierte ABM oder Kreditausweitung durchzusetzen!
- schärfere Defla.pol auch kaum möglich! ->zu starke Widerstände bei...
    - Hindenburg (von dessen Einwilligungen Notverordnungen abhingen)
    - Industrie (zu starker Einfluss u. zu wichtig)
    - SPD (nur Kanzler durch SPD-Tolerierung)
- **größere pol. Handlungsspielräume bei PAPEN u. SCHLEICHER, weil**
    - Industrie offener für ABM
    - weniger Angst vor Inflation
    - Streichung der Reparationen

9. Soziale und politische Wirkungen der WWK in D

Soziale Auswirkungen
- Waren <u>Unternehmer</u> Gewinner, <u>Arbeiter</u> Verlierer? -NEIN !
    - Wunsch der Unternehmer, Beschäftigung zu erhalten
    - Realeinkommen der Arbeiter sank scharf um -14%
    - große Zahl der Arbeitslosen
    - auch Unternehmer erlitten starke Verluste, z.T. musste hohe Kapitalbeträge abschreiben   (jährlich bis zu RM 900 Mio.)
- <u>Mittelstand</u> (beschäftige Arbeiter)
    - besser als Arbeiter gestellt, +11% Bruttogehalt
    - ebenso erlitten Beamte keine Kaufkrafteinbußen
    - gewerblicher Mittelstand (Handwerk u. Einzelhandel) geringere Einbußen als Industrie
    - Landwirtschaft hart getroffen +300% Zwangsversteigerungen
- <u>Sozialversicherungen</u>
    - Rentner "die Gewinner"
    - kaum Kürzungen, erst ab '32 -16%, Verbraucherpreise sanken aber ebenfalls stark
=   Kaufkraftgewinn +18%

- Arbeitslose "die Verlierer"
- Leistungen herabgesetzt, Dauer und Höhe verringert -13%; viele Arbeitslose erhielten Nichts!

Politische Auswirkungen
- große Mut- u. Hoffnungslosigkeit => Gefährdung der Weimarer Demokratie
- z.T. Radikalisierung nach links u. rechts
- Grundproblem:
keine Gruppe sah ihre wirt. u. pol. Interessen durch Republik hinreichend gewahrt bzw. diese schlossen sich gegenseitig aus
 -> keine parlamentarische Mehrheitsbildung möglich!

Bedeutung von Gruppen für Entstehung des 3. Reichs

politische Sachverhalte
- Radikalisierung nicht alleine auf WWK zurückzuführen
        - Enttäuschung Versailler Vertrag
        - geringe Wertschätzung d. Demokratie
- Gruppen des Mittelstandes in NSDAP überrepräsentiert
- Mittelstand sah sich als "besondere Bedeutung für Erhaltung des Gemeinwesens"
-> minimalste Statusgefährdung führte zur Radikalisierung!
- Angestellte, die im Betrieb immer weniger zu sagen hatten, konnten in Partei nun Weisungsbefugt
- Landwirte geködert mit "Blut-und-Boden"-Ideologie
- Gewerblicher Mittelstand erwartete Sicherung u. Verbesserung der wirt. Position; war daher stark gegen Kapitalismus und Sozialismus

Versagen der SPD u. Gewerkschaften?
- kapitaler Fehler: kein Generalstreik am 30.1.33 ausgerufen!
- NSDAP '32 als einzige ABM-Partei; SPD tatenlos
- SPD entwickelte sich nicht zur Volkspartei
- kein politisches Programm hatte genügend Zugkraft für Massenmobilisierung gegen Hitler
- Arbeiter zahlenmäßig größte Gruppe in NSDAP 34%, obwohl damit unterrepräsentiert
-> '32 wählten mehr Arbeiter nicht-demokratische Parteien als die SPD!

Industrie Hitler an Macht gebracht?
- Mehrheit der Industrie für konservative Veränderung bzw. Beseitigung des parl. Systems!
- System hat Kapitalbildung u. Rentabilität d. Unternehmen verhindert u.a. durch Tarifmacht d. Gewerkschaften, 8h-Tag, hohe Sozialleistungen
=> Wirtschaftliche Gründe als Wunsch nach Änderung des pol. Systems!
- Unternehmen haben WWK politisch nutzen, aber nicht herbeiführen wollen (-> hohe fin. Verluste)
- wollten Beseitigung des parl. Systems, aber nicht pro Hitler
- 3 pol. Meinungsgruppen in Industrie:
        1. Sympathisanten mit NSDAP (klein)
        2. Konservative Opposition
        3. Treue des Weimarer Systems, die contra Hitler waren
=> Industrie zu einem kleinen Teil pro Hitler, aber großer Teil contra parl. Weimarer System
- hat Republik nicht gestürzt, aber auch nicht gestützt
- pol. Einflussmöglichkeiten d. Industrie zur Erhaltung d. Demokratie begrenzt, da keine Massenbasis
- großer Mangel an Vertrauen in Problemlösungsfähigkeit d. Demokratie

10. Schlußurteil: Was lernen wir aus der WWK?

- Brüning selbst war großer Befürworter der Deflationspolitik, hatte aber auch kaum eine andere Wahl
- ges. Gruppen hatten als Alternative zur Defla. größere Handlungsspielräume, v.a. Richtung konsequentere, evtl. erfolgreichere Deflationspolitik
- soz. Auswirkungen der WWK bei unterschiedlichen Gruppen unterschiedlich ausgeprägt
- Krise hat erheblich zur Radikalisierung beigetragen
- keine ges. Gruppe, die nicht (direkt oder indirekt) zur Entstehung 3. Reich beigetragen hätte
- großer Nenner: Unzufriedenheit mit Weimar, weil Interessen nicht hinreichend berücksichtigt

- Lehre aus WWK für Wirtschaftspolitik von heute: direkt keine!
- **Lernen aus WWK nur mithilfe von Theorien möglich**
- <u>KEYNES'</u> Bewertung:
    - Unterbeschäftigung nicht mit staatl. Nachfrageausweitung zu beseitigen!
    - ABM erst nach Tiefpunkt wirksam
    - Programme zu klein dimensioniert
    - erflogreich dagegen waren dt. Rüstungsinvestitionen (aber keine langfristige Wirkung aufgrund des Produktes)
- <u>Initialzündungstheorie</u>
    - positive Rentabilität = positiver Beschäftigungszuwachs
    - Theorie nicht widerlegt
    - erklärte zum Teil Abbau von Arbeitslosigkeit
- <u>Kaufkrafttheorie</u>
    - hat nicht WWK standgehalten
    - da nie Vollbeschäftigung durch Lohnerhöhungen erreicht wurde.
    - auch nicht durch Preisniveausteigerungen
- <u>Theorie zu Investitionen, Exporten und Rentabilität</u>
    - These positiv bewährt
    - Beseitigung von Arbeitslosigkeit nur wenn Arbeitsproduktivität schneller steigt als Reallöhne (positive Rentabilität gegeben ist)
- <u>Ordoliberalismus</u>
    - nicht widerlegt
    - freier Wettbewerb, flexibler Geld- u. Kapitalmarkt, bewegliche Löhne = Erfolg!
    - Nazis diese Wirt.pol. aber nicht im Sinne der Liberalisten weitergeführt

Vergleich WWK zu heute
- <u>stehen nicht vor und sind nicht in WWK wie 1929!</u>
<u>Gründe</u> in D:
    - Exportquote sehr viel höher + stabiler
    - geringere Auslandsverschuldung
    - keine Deflationskrise, da Preise steigen -> Problem eher Inflation statt Deflation
aber auch <u>Probleme</u>:
    - hohe Arbeitslosenquote
    - geringere Invest.quote
    - 45 % des Welthandels sind Beschränkungen unterworfen
<u>Lösung</u>:
    - Verbesserung Rentabilität
    - Liberalisierung des Welthandels

Vollbeschäftigung hat man zu Gunsten der Demokratie geopfert
- Politik der Reallohnsteigerungen sorgt für stabiles Lebenshaltungsniveau u. eine nicht steigende Arbeitslosenquote
- Vermeidung des Radikalismus durch bessere finanzielle Absicherung von Arbeitslosen

- hohe Arbeitslosigkeit damit aber auch verfestigt
- Bedingungen für Vollbeschäftigung und Rentabilität zwar nicht hergestellt
- aber Unternehmen dennoch nicht gegen Verfassung